I0403578

NOTICE

DES PRINCIPAUX TABLEAUX

RECUEILLIS EN ITALIE.

Troisième Partie.

V. 24729
(3)

V 2654
15 D.

NOTICE

DES PRINCIPAUX TABLEAUX

RECUEILLIS EN ITALIE,

Par les Commissaires du Gouvernement
Français,

TROISIÈME PARTIE,

*Comprenant ceux de Florence et de Turin, dont
l'Exposition provisoire aura lieu dans le grand
Salon du Muséum, les Octidi, Nonidi et Dé-
cadi de chaque Décade, à compter du 28 Ven-
tôse an VIII.*

Prix 75 centimes.

Le produit de ce Livret est consacré aux besoins
du Musée.

De l'Imprimerie des SCIENCES ET ARTS,
rue et butte des Moulins, n°. 500.

AVERTISSEMENT.

Empressée de faire jouir le Public des Tableaux qui ont été recueillis en Italie, par ordre du Gouvernement, l'Administration du Musée central des Arts, a eu soin de les lui offrir successivement dans le grand Salon, à mesure qu'ils lui sont parvenus; c'est ainsi qu'au mois de Pluviôse an VI, elle a exposé les Tableaux qui avaient été tirés des différentes villes de la Lombardie, et dans le mois de Brumaire an VII, ceux de Rome et de l'État de Venise : aujourd'hui elle présente une troisième Exposition composée en grande partie des Tableaux et Objets d'arts récemment tirés de Florence et de Turin, auxquels, en faveur de l'étude, on a réuni les morceaux les plus classiques de la précédente Exposition.

Les Tableaux envoyés de Florence, ont été choisis uniquement parmi ceux qui composaient la collection du Palais Pitti, résidence ordinaire des grands Ducs de Toscane. On y distingue d'excellens morceaux de Rubens, Sébastien del Piombo, Michel-Ange, André del Sarto, Cigoli, Carlino Dolci, le Parmesan, le Titien, Paris Bordone, le Giorgion, Rembrandt, Jules Romain, et plusieurs de l'immortel Raphaël, tels que le Portrait de Léon X, celui de Jules II ; et la célèbre Madonna della Sedia.

L'envoi de Turin, n'offre guères moins d'intérêt. Parmi les Tableaux de l'École Italienne, on remarque les quatre Élémens, de l'Albane; une Annonciation, par Orazio Gentileschi, et une Déposition de Croix, par l'Architecte Bramante, dont les Ouvrages en Peinture sont rares et manquent dans les collections même les plus nombreuses. Par cet envoi l'École Flamande se trouve aussi enrichie de plusieurs morceaux précieux de Gérard Dov, Mieris, Van der Werf, Brueghel, Teniers, Paul Potter, Wouvermans, etc. etc.

Enfin un objet qui sans doute piquera la

curiosité publique, c'est la magnifique suite de Tables et Tableaux exécutés en pierres précieuses, qui ont été tirés de la Manufacture de Florence; ouvrages que la richesse et la dureté des matières, le tems et l'intelligence qu'exige leur exécution, et le mérite de la difficulté vaincue, rendent d'un très-grand prix.

Quant à l'ordre observé dans cette Notice, il est le même que dans les deux Notices qui ont précédé, et dont celle-ci est suite et la troisième Partie; avec cette différence cependant, que cette Exposition offrant des Tableaux italiens et flamands, on a cru devoir la diviser par Écoles, sous ces deux titres École Italienne, École Flamande, qui se trouvent répétés en tête de chaque page. Dans chacune de ces Écoles, les Maîtres sont rangés par l'ordre alphabétique de leurs noms, ce qui en facilite la recherche. A la suite du nom du Peintre, est la date et le lieu de sa naissance, et celle de sa mort; vient ensuite une courte explication du sujet de ses Tableaux, indiqués chacun par un Numéro qui correspond à celui placé sur le Tableau même; enfin à cette explication est jointe une Note en petit caractère, qui renferme tout ce qu'on a pu recueillir sur l'histoire du Tableau, le lieu d'où il provient, l'année et l'époque de la vie du Maître à laquelle il a été peint, le prix qu'il a été payé, les déplacemens qu'il a éprouvés, s'il a été gravé, et par qui, etc. etc.; enfin toutes les notices historiques qui peuvent intéresser la curiosité de l'Artiste et de l'Amateur, et mettre le Public en état de porter un jugement éclairé.

EXPLICATION

DES TABLEAUX

DE L'ÉCOLE ITALIENNE.

ALBANE (Francesco Albani, dit l')
né à Bologne en 1578. Mort à
Rome en 1660.

LES QUATRE ÉLÉMENS.

1. *L'élément du Feu.*

Le feu élémentaire est exprimé par
Jupiter, armé de la foudre ; *le feu
matériel*, par Vulcain et sa forge ;
et *le feu de l'amour*, par Vénus dis-
tribuant aux Amours des torches
enflammées, au foyer desquelles on
les voit forger des traits qu'ils osent
éprouver sur Jupiter lui-même.

2. *L'élément de l'Air.*

Il est figuré par Junon sur son
char tiré par des paons, et guidé
par l'Amour ; autour d'elle sont la

A

pluie, le tonnerre, l'iris, et les autres *météores* que le même jour quelquefois voit s'engendrer dans l'air. Les *sons* que cet élément propage sont exprimés par des oiseaux et par des Amours qui font raisonner des tambours ; enfin les *tempêtes* dont il est souvent agité, par Éole qui ouvre aux Vents l'antre où il les retenait enchaînés.

3. *L'élément de l'Eau.*

Portée sur une conque tirée par des Dauphins, Galathée, nymphe de la mer, vogue sur le liquide élément, à l'aide d'une voile de pourpre que dirigent les Amours : les Tritons et les Néréides la précédent ; les Fleuves, les Rivières et les Torrens, viennent mêler à son onde amère la douceur de leurs eaux ; et sur le rivage, ses compagnes, aidées des Amours, s'occupent de la pêche et de la récolte des coraux, des perles et autres productions marines.

4. *L'élément de la Terre.*

Cybèle, tenant en main le sceptre

du globe, paraît montée sur un char attelé de deux lions. A ses côtés siégent les trois Saisons qui sont les plus propres à recueillir les trésors qu'elle dispense ; savoir : *le Printems*, figuré par Flore et par des Amours, couronnant de fleurs une jeune fille : *l'Eté*, sous la figure de Cérès qui ordonne aux Amours les divers travaux de la récolte ; et *l'Automne*, représenté par Bacchus le thyrse en main, entouré d'enfans qui cueillent des fruits et foulent les raisins.

Ces quatre Elémens ont été peints vers 1625, pour le Cardinal Maurice de Savoie, et dès lors ils ont fait l'un des plus beaux ornemens de la Galerie de Turin, d'où récemment ils ont été tirés. Malheureusement pour l'art, l'impéritie et de vains scrupules leur ont causé des dommages considérables. Du tems de Charles III, ces tableaux ont été remis sur toile et nettoyés impitoyablement par une main inhabile qui en plusieurs endroits, notamment dans les fonds, a enlevé la couleur. Mais c'est sous le règne du Roi actuel qu'ils ont reçu le plus rude coup; Clotilde de France, son épouse, voulant habiter la chambre où ces Tableaux étaient placés, les trouva scandaleux, et au lieu de les faire transporter ailleurs, elle exigea qu'on en couvrit les nudités : un peintre protégé se chargea d'habiller ces gracieuses figures, et sans même prendre la précaution de peindre à la colle, au lieu d'huile (ce qui eût ménagé les moyens d'une facile réparation) il les couvrit de lourdes draperies qui en dérobent les contours et détruisent entièrement l'harmonie du coloris : fatale opération dont les amis des Arts auraient à gémir éternellement, s'il n'y avait lieu d'espérer que des mains plus habiles parviendront à enlever ces hideux repeints!

5. *Adam et Eve.*

L'instant saisi par le Peintre, est celui où Eve présente à son mari la fatale pomme.

Ce Tableau sur toile vient de Turin.

6. *Le Repos en Egypte.*

Assise dans un agréable paysage, auprès de S. Joseph, la Vierge tient sur ses genoux l'Enfant Jésus, auquel deux Anges présentent des fleurs, tandis que d'autres cueillent des dattes et s'empressent à le servir.

Ce Tableau, peint sur toile, est tiré de la Galerie de Turin.

7. *S. François.*

Il est représenté dans le désert, en oraison devant le Crucifix.

Ce petit Tableau sur cuivre provient de Rome.

ALFANI (Domenico di Paris), *né à Perouse vers 1480, mort dans la même ville vers 1553. Ecole Romaine.*

8. *La Vierge, S. François et Saint Antoine de Pade.*

La Vierge majestueusement assise, porte sur ses genoux l'Enfant Jesus : derrière elle est S. Joseph, et sur le devant on voit à gauche S. François d'Assise, et à droite S. Antoine de Pade, tous deux à genoux dans l'attitude de l'adoration.

Ce Tableau est tiré de l'église de S. Francesco de Perouse. Le Musée national ne possédait rien de Paris Alfani.

ALLORI (Cristofano), *né à Florence en 1577, mort en 1621. Ecole Florentine.*

9. *Judith.*

Judith, suivie de sa servante, porte à Béthulie la tête d'Holopherne.

Ce Tableau est tiré du Palais Pitti à Florence. C'est par erreur qu'il a été gravé sous

A 3

le nom d'*Alessandro Allori*, dans la collection des tableaux de la Galerie de Florence, publiée par Lacombe ; il est certainement de *Cristofano Allori*.

ANDRÉ DEL SARTO (Andrea Vannucchi dit ,) *né à Florence en 1488 , mort en 1530. Ecole Florentine.*

L'HISTOIRE DE JOSEPH, EN DEUX TABLEAUX.

10.   Dans le premier on voit à gauche le jeune Joseph racontant à sa famille les songes qui lui annoncent sa future élévation : au centre , Jacob et Rachel envoyent Joseph vers ses frères ; ceux-ci, résolus de s'en défaire, le descendent dans la citerne ; plus loin , ils le vendent à des marchands Madianites ; sur la montagne on voit Judas égorgeant un chevreau pour y tremper la robe de Joseph ; enfin , sur le devant, Jacob au désespoir à la vue des vêtemens ensanglantés de son fils chéri.

11.   Le second Tableau présente la

suite de l'histoire de Joseph après son arrivée en Egypte; son emprisonnement, l'explication qu'il donne des songes des deux prisonniers qui étaient avec lui, son élargissement par ordre de Pharaon ; enfin ce prince, frappé de la sagesse de Joseph, lui confiant l'administration de son Empire.

Ces deux Tableaux, peints sur bois, proviennent du Palais Pitti à Florence.

12. *Le Sacrifice d'Abraham.*

Isaac est sur le point d'être immolé ; mais touché de la foi du père et de la soumission du fils, Dieu envoye un Ange arrêter la main d'Abraham, et substituer un belier à cette victime chérie.

Ce Tableau, peint sur bois, est tiré du Cabinet de la Haye.

13. *Le portrait d'André del Sarto.*

Ce Portrait du plus aimable Peintre de l'Ecole Florentine, a été peint par lui même dans sa jeunesse.

Il est tiré de la collection du Palais Pitti à Florence.

A 4

14. *Le Christ déposé de la Croix.*

A la vue du corps de son fils, que soutient Joseph d'Arimathie, la Vierge, pénétrée de douleur, s'évanouit entre les bras des saintes Femmes et de S. Jean.

Ce Tableau qui vient de Villeneuve - sur Yonne, paraît de l'école d'André del Sarto, et pourrait être d'*André Sguazzella* son élève, qu'il amena avec lui en France, où il a travaillé. La même composition, avec un fond différent, se trouve avoir été gravée par *OEneas vicus*, en 1548.

BAROCHE (Federico Barocci, dit le), *né à Urbin en 1528, mort en 1612. Ecole Romaine.*

15. *La Descente de Croix.*

Tandis que Joseph d'Arimathie, Nicodème et autres disciples, détachent le corps du Christ, S. Jean le reçoit aux pieds de la croix, et S. Bernadin de Sienne accourt avec empressement, comme pour aider aussi à descendre le corps du Sauveur. Le premier plan offre le groupe de la Vierge qui, succombant à sa douleur, tombe évanouie dans les bras des Maries.

Ce Tableau provient de l'église de S. Lorenzo, cathédrale de Pérouse, où il se voyait dans la chapelle de S. Bernardino, qui est la première à droite en entrant. Le Baroche le peignit en 1569; c'est un de ses plus capitaux, et l'un de ceux qui ont le plus contribué à lui faire sa réputation : malheureusement il a beaucoup souffert dans un moderne nettoyage exécuté en Italie, par des mains mal habiles. Il a été gravé plusieurs fois.

16. *La Vocation de S. Pierre et de S. André*

Jésus-Christ rencontrant sur les bords de la mer de Galilée, Simon appelé Pierre et André son frère, qui jetaient leurs filets, les appelle à l'apostolat, en leur disant, *suivez-moi, je vous ferai pécheurs d'hommes.*

Le Baroche peignit ce Tableau pour la confrérie de Saint-André de Pesaro, de l'oratoire de laquelle il a été tiré. C'est en 1568 qu'il l'exécuta, suivant cette inscription qu'on voit au bas du Tableau. FED. BAROCIUS-UR-BINAS FACIEBAT M. D. LXXXVI. Il a été gravé en petit par Adrien Collaert en 1590, et en grand par G. Sadeler en 1594.

17. *Ste. Micheline.*

La bienheureuse Micheline de Pesaro, religieuse du tiers-ordre de S. François, est ici représentée dans le pélerinage qu'elle entreprit à la Terre-Sainte ; elle est à genoux sur le mont Calvaire, et dans un de ces momens d'extase où la jetait la contemplation de la passion et de la mort de Jésus - Christ. Dans le fond on entrevoit la ville de Jérusalem.

Ce Tableau provient de l'église de S. Francesco de Pesaro, où il décorait la chapelle du fond du bas-côté droit. Il a été médiocrement gravé par Benoît Farjat de Lyon, d'après une replique de ce sujet, qui se voyait alors à Pesaro, dans le cabinet de Mgr. Fabio Olivieri.

18. *L'Annonciation de la Vierge.*

A genoux devant un prie-Dieu, la Vierge est interrompue dans sa prière, par l'apparition de l'Ange, qui, le genou en terre, et un lys à la main, lui fait part de l'objet de sa mystérieuse mission. Sur le devant, le Baroche, par un de ces caprices qui lui sont familiers, a peint une chatte endormie sur une chaise.

Ce Tableau est tiré du Palais pontifical de Lorette; mais originairement il se voyait dans l'église du même lieu, à la chapelle des ducs d'Urbin, qui est à droite du chœur. Ce fut le duc d'Urbin, François-Marie de la Rovere, qui l'ordonna au Baroche, pour orner cette chapelle qu'il venait de faire construire en l'honneur de la Vierge, dans l'église de Lorette, et son succès fut tel, que l'auteur fut obligé de le répéter plusieurs fois. Cette composition a été gravée avec goût à l'eau forte par le Baroche lui même, et au burin par Philipe Thomassin, en 1588.

19. *La Circoncision de Jésus-Christ.*

L'enfant nouveau né, vient de subir la douloureuse opération; tandis qu'un des Ministres du temple le tient sur ses genoux, le Prêtre étanche avec un linge le sang qui découle de la plaie. Derrière sont la Vierge et S. Joseph son époux, et sur le devant un berger à genoux apportant un agneau pour offrande. La partie supérieure offre deux Anges en adoration.

Ce Tableau provient de l'Oratoire de la Confrérie du nom de Dieu à Pesaro; l'inscription FED. BAR. VRB. PINX. MDLXXX. qu'on voit sur le prie-Dieu de la Vierge, nous apprend que le Baroche l'exécuta en 1580.

20. *La Vierge, S. Antoine et Ste. Lucie.*

Assise sur des nuages, la Vierge porte sur ses genoux l'enfant Jésus; il présente une palme à Ste. Lucie qu'on voit en bas à genoux avec un Ange derrière elle, qui porte dans une coupe les yeux qui lui furent arrachés lors de son martyre. A

A 6

gauche est S. Antoine, Abbé, méditant sur l'Ecriture-Sainte.

Ce Tableau vient de l'église des Augustins de Pérouse.

BASSAN (Leandro da Ponte, dit le Chevalier Léandre), *né à Bassano en 1558, mort en 1623. Ecole Vénitienne.*

21. *La Résurrection de Lazare.*

Lazare est déjà sorti du tombeau, au grand étonnement d'une foule de Juifs accourus à ce prodige. Le moment de la scène est celui où J.-C. ordonne qu'on le dépouille du linceul et des bandelettes dont il est enveloppé. Sur le devant, on distingue Marthe et Marie, à genoux, témoignant la suprise mêlée de joie qu'elles éprouvent à la vue de leur frère rendu à la vie.

Ce Tableau est tiré de l'église della Carità à Venise, où il décorait la chapelle des Mocenigo, qui est la première à gauche.

BORDONE (Paris) *né à Trevise, mort en 1570, âgé de 70 ans, École Vénitienne.*

22. *Un Portrait de Femme.*

Elle est vêtue de rouge et vue jusqu'aux genoux. On prétend que c'est le portrait de la nourrice d'un des princes de la maison de Médicis.

Il provient du Palais Pitti à Florence.

BRAMANTE (Bramante Lazzari, dit le) *Peintre et Architecte, né à Castel - Durante, dans le duché d'Urbin, en 1444, mort à Rome en 1514.*

23. *La Déposition de Croix.*

Le corps du Christ repose sur les genoux de la Vierge: autour d'elle sont S. Jean, Joseph d'Arimathie, Nicodême et les saintes Femmes, et par-derrière on aperçoit à gauche S. Jérôme, et à droite S. Antoine, Abbé.

Ce Tableau vient de la Galerie de Turin. Le Musée central ne possédait rien du Bramante.

CARAVAGE (Michel Angelo Ame-
rigi, dit le) *né à Caravagio, près
Milan, en 1559, mort en 1609.
Ecole Romaine.*

24. *Jésus-Christ mis au Tombeau.*

Le Corps du Christ, enveloppé en
partie de son linceul, est prêt à être
déposé dans le sépulchre par S. Jean,
aidé de Nicodéme : derrière eux sont
les trois Maries éplorées : l'une
contemple tristement le corps de
son maître; l'autre essuie avec son
voile les larmes dont elle est baignée ;
la troisième, les bras étendus, témoigne par ses gémissemens l'excès
de sa douleur.

Ce Tableau provient de l'église des Philippins, dite la *Chiesa nuova* à Rome, où il se
voyait à l'autel de la deuxieme chapelle à droite.
Il a toujours passé pour l'un des plus capitaux
du maitre, et pour l'un des plus beaux de Rome.

CARRACHE (Annibale Carracci, dit
le), *né à Bologne en 1560, mort à
Rome en 1609. Ecole de Bologne.*

25. *La Naissance de la Vierge.*

Sur le devant on voit l'enfant nou-

veau né, au milieu d'un groupe de
femmes qui se réjouissent de sa naissance, et s'empressent à lui donner
les soins dont il a besoin. Dans le
fond, et sur un plan plus élevé,
on aperçoit Ste. Anne dans son
lit, et près d'elle S. Joachim rendant grâces au ciel. Le Père éternel,
au milieu d'une gloire d'Anges,
occupe la partie supérieure de la
composition.

Ce Tableau vient du Palais pontifical de
Lorette, et se voyait originairement dans l'église
de ce lieu, à la première chapelle à droite.

26. *Le Christ mort sur les genoux de la Vierge.*

Le corps du Christ, privé de la
vie, repose sur les genoux de sa
mère qui paraît pénétrée de la
douleur la plus vive; près d'elle la
Madeleine debout essuie avec ses
cheveux les pleurs dont ses joues
sont innondées. A gauche, é derrière la tête du Christ, S. François
à genoux, les bras croisés sur sa
poitrine, médite profondément sur
les plaies du Sauveur que deux Anges

lui indique en les arrosant de leurs larmes.

Ce Tableau est tiré de l'église de S. Francesco à Ripa, à Rome, où il se voyait dans la chapelle des Mathei, qui est la troisieme à gauche ; c'est un des derniers ouvrages sortis du pinceau d'Annibal, qui mourut quelque tems après à Rome, au retour d'un voyage qu'il avait fait inutilement à Naples, pour rétablir sa santé.

CARRACHE (Agostino Carracci, dit le), *né à Bologne en 1557, mort à Parme en 1602. Ecole de Bologne.*

27. *La Communion de S. Jérôme.*

La scène se passe dans l'église de Bethléem, bâtie par S. Jérôme, au-dessus de la grotte où Jésus-Christ est né. Le S. vieillard affaibli par l'âge et la maladie, fait, à l'aide de ses religieux, un dernier effort pour recevoir à genoux le viatique que le prêtre va lui administrer : les religieux présens, pénétrés à-la-fois de dévotion pour le sacrement, et de vénération pour leur patriarche agonisant, prêtent la plus grande attention à ses dernières paroles que l'un d'eux est occupé à recueillir par écrit. Celui des spectateurs qui est coiffé d'un turban, indique que l'action se passe en Orient. Enfin le vieux lion, son constant et fidelle compagnon, semble donner à son maître les dernières caresses, en lui lèchant les pieds et le réchauffant de son haleine.

Ce Tableau provient de l'église des Chartreux de Bologne C'est pour la composition, le dessin et l'expression, le plus capital des ouvrages d'Augustin Carrache ; et lui-même en était satisfait, puisqu'il l'a signé en cette sorte : AGO. CAR. FE. Il concourut pour ce Tableau avec son frère Annibal, et son dessin ayant eu la préférence, il le peignit pour la modique somme de 50 écus (250 fr.). Il a long-tems servi d'étude aux élèves des Carraches, et le Dominiquin entre-autres, s'était tellement pénétré de cette composition, que long-tems après, lorsqu'il eut à traiter le même sujet pour S. Jérôme de la Charité à Rome, il ne put s'empêcher d'y retomber. On sait quel bruit ses rivaux firent alors de ce prétendu plagiat, sur lequel les connaisseurs sont à portée de prononcer définitivement, aujourd'hui que ces deux Tableaux se trouvent réunis dans le grand salon du Musée, où le Tableau du Dominiquin est exposé sous le N°. 30.

CIGOLI (Lodovico Cardi, dit le),

né à Cigoli, près Florence, en 1559, mort à Rome en 1613. Ecole Florentine.

28. *L'Ecce homo.*

Pilate montre au peuple le roi des

Juifs, qu'un soldat tient enchaîné.

Ce Tableau est tiré du Palais Pitti à Florence. Le Musée central ne possédait rien de ce maître.

CONTARINO (Giovanni), *né à Venise en 1549, mort en 1605. École Vénitienne.*

29. *La Vierge, S. Sébastien et autres Sts.*

Assise sur un trône élevé, la Vierge tient sur ses genoux son fils qui paraît accueillir favorablement les prières du Doge Marino Grimani, qu'on voit à genoux à gauche sur le devant. Près d'elle, et à sa droite, est Ste. Marine, en habit de Moine, et tenant par la main *le jeune enfant dont on l'avait accusée d'être père.* Aux côtés du trône sont deux Anges jouant du luth : plus bas, S. Sébastien assis sur les degrés, et en face de lui, S. Marc debout, indiquant au Doge que c'est à la Vierge qu'il faut adresser ses prières.

Ce Tableau vient du Palais ducal de Venise, où il se voyait dans la salle dite des *Quatre-Portes.* Le Musée n'avait aucun ouvrage de ce maître.

DOMINIQUIN (Domenico Zampieri, dit le), *né à Bologne en 1581, mort à Naples en 1641. Ecole de Bologne.*

30. *La Communion de S. Jérôme.*

Parvenu à l'âge de 99 ans, et voyant approcher son heure dernière, S. Jérôme se fait porter dans l'église de Bethléem où il avait coutume de célébrer les Sts. Mystères. Là, déposé au pied de l'autel, le vieillard moribond cherche à recueillir ses forces pour recevoir à genoux le viatique; mais exténué par les macérations, l'âge et la maladie, elles ne peuvent suffire à ce dernier effort: vainement s'efforce-t-il de lever les bras pour joindre ses mains tremblantes, ses bras restent immobiles, ses genoux ploient, et succombant sous son propre faix, son corps retombe en arrière. Dans cet état de faiblesse et d'agonie, le souffle de vie qui lui reste encore, semble concentré tout entier dans ses yeux et sur ses lèvres qui appellent le sacre-

ment après lequel il soupire, et que
le Prêtre se dispose à lui administrer.

Celui-ci revêtu des habits sacerdo-
taux du rit grec, s'avance vers le
Saint pour le communier ; près de
lui le Diacre debout en dalmatique,
porte le calice ; et sur le devant, le
Sous-Diacre à genoux, tient en main
le missel.

Les assistans prennent aussi part à
cette pieuse cérémonie : l'un soutient
par derrière le vieillard défaillant ;
l'autre à genoux, sur le devant, essuie les larmes que lui arrache sa si-
tuation ; à sa gauche une respectable
matrone, *Ste. Pauline*, se prosterne
pour lui baiser les mains : tous, jusqu'au lion, son compagnon fidelle,
paraissent émus de cette scène atten-
drissante. La composition est termi-
née dans la partie supérieure, par un
groupe d'Anges en adoration.

Ce Tableau qu'on peut regarder comme le
chef-d'œuvre du Dominiquin, provient du
maître-autel de l'église de S. Jérôme de la Charité, à Rome. Dégoûté du séjour de Rome,
où il n'avait rencontré qu'injustices et désagré-
mens, et où il désespérait de trouver des oc-
casions de faire valoir son talent, le Domini-

quin avait formé la résolution de retourner à Bologne sa patrie, pour s'y fixer, lorsqu'un prêtre de S. Jérôme de la Charité, son ami, en lui procurant ce Tableau, lui fit changer d'avis, et fixa pour toujours à Rome sa personne, ses talens et sa gloire. Il paraîtra incroyable qu'un ouvrage de cette importance, auquel le Dominiquin employa autant de tems, d'étude et de soins, et que le Poussin, cet appréciateur éclairé, mettait, avec la Transfiguration de Raphaël, au rang des chefs-d'œuvres de la Peinture, il paraîtra incroyable qu'il n'ait été payé que 50 écus (250 francs), et que tandis que ses rivaux faisaient si bien payer leurs ouvrages, l'immortel auteur de la *Communion de S. Jérôme* ait été réduit à vivre du régime de Protogènes, qui pendant 7 années qu'il employa à peindre son *Jalysus*, ne se nourrit que de lupins. Ce fut en 1614 que le Dominiquin termina ce Tableau, ainsi que le témoigne l'inscription suivante qu'il a mise au bas du Tableau : DOM. ZAMPERIVS BONON. F. A MDCXIV. Il avait alors 33 ans.

Ne pouvant mordre l'ouvrage, l'envie s'attacha à l'auteur, et l'accusa de plagiat. On prétendit que le Dominiquin avait puisé l'idée de sa composition dans celle qu'Augustin Carrache avait précédemment exécutée aux Chartreux de Bologne: Lanfranc, jaloux de ses succès, accrédita sur-tout cette opinion, et porta l'animosité jusqu'à dessiner le Tableau d'Augustin, et le faire graver par François Perrier, son élève, pour mieux divulguer ce qu'il appelait *le larcin* du Dominiquin. Jusqu'à ce moment les curieux n'avaient guères pu juger la question que sur les gravures qui ont été faites de ces deux compositions ; mais aujourd'hui qu'elles se trouvent réunies dans le le grand salon du Musée, où celle d'Augustin Carrache est exposée sous le Numéro 27, ils peuvent comparer les Tableaux mêmes, et prononcer.

Le Tableau du Dominiquin a été gravé par Cesare Testa, Farjat, Jacques Frey, et autres.

DOLCI (Carlo , dit Carlino), *né à Florence en 1616, mort dans la même ville en 1686. École Florentine.*

31. *Le Sommeil du petit S. Jean.*

Couché sur un tapis, il paraît profondément endormi ; près de lui on voit sa mère Elizabeth rendant grâces au ciel, et son père Zacharie méditant sur la Sainte Écriture.

Ce Tableau, exécuté par Dolci pour la grande duchesse de Toscane, *Victoire della Rovere*, est tiré du Palais Pitti à Florence.

32. *Le Christ au Jardin des Olives.*

Le moment est celui où Jésus étant en prières dans le jardin des Olives, l'Ange lui présente le calice d'amertume, symbole de sa Passion.

Ce Tableau, qui provient du Palais Pitti, est faussement attribué à Carlino Dolci ; il paraît plutôt dans la manière de *Jacopo Ligozzi*, né à Vérone en 1543, et mort en 1627, lequel s'établit à Florence, où il a beaucoup travaillé.

FASOLO (Bernardino), *né à Pavie, florissait vers 1518. École Lombarde.*

33. *La Vierge et l'Enfant Jésus.*

Elle est assise sur son trône, et tient son fils dans ses bras ; au bas on lit cette inscription :

BERNARDINVS FAXOLVS DE PAPIA, FACIEBAT 1518.

Ce Tableau vient de Rome, et faisait partie de la collection du prince Braschi, neveu de Pie VI. C'est le seul ouvrage que l'on connaisse de ce maître, qui doit être placé parmi les imitateurs de Léonard de Vinci.

GAROFALO (Benvenuto Tisio, dit le) *né à Garofalo, près Ferrare, en 1481, mort en 1559. École Romaine.*

34. *La Vierge et Ste. Catherine.*

Assise sur son trône, la Vierge tient sur ses genoux l'enfant Jésus, qui paraît agréer l'offrande que Ste. Catherine lui fait de la palme de son martyre. Du côté opposé, S. Joseph debout, et appuyé sur un stylobate, semble distrait de ses méditations par le chant d'un oiseau qu'on aperçoit derrière lui, ayant un grelot à la patte.

Ce morceau est tiré de la Galerie du Capitole à Rome.

GENTILESCHI (Orazio Lomi, dit)
né à Pise en 1563, mort à Londres en 1646. Ecole Florentine.

35. *L'Annonciation.*

La Vierge debout reçoit avec humilité et résignation la salutation de l'Ange Gabriel, qui lui apparaît un genou en terre et un lys à la main.

Ce Tableau est tiré de la Galerie de Turin.

GIORGION (Giorgio Barbarelli, dit le)
né en 1477, à Castelfranco près de Trevise, mort en 1511. Ecole Vénitienne.

36. *Un Concert.*

On y voit un Religieux bénédictin au clavecin, près de lui un Dominicain tenant un violoncelle, et de l'autre côté un jeune Homme coiffé

d'une

d'une toque noire, avec un panache blanc.

Ce Tableau vient de la collection du palais Pitti à Florence. Comme ces trois têtes paraissent être des portraits, on a cru jusqu'à présent y reconnaître ceux de *Calvin* et de *Luther* avec *Catherine de Bore*, femme de ce dernier : mais cette tradition n'a aucun fondement, Le Giorgion qui est mort en 1511, à Venise, n'ayant pu peindre, ni même connaître Luther, qui n'a commencé à être célèbre en Allemagne qu'en 1517, et encore moins Calvin lequel, en 1511, n'avait que deux ans.

37. *La Leçon de chant.*

On y remarque un Maître à chanter, faisant répéter la leçon à un jeune homme qui tient un papier de musique, en présence de son père qui se voit à gauche : les têtes paraissent être des portraits.

Ce Tableau peint sur bois, est tiré du Palais Pitti à Florence. Il est attribué au Giorgion.

GUERCHIN (Gio Francesco Barbieri, dit le) *né à Cento en 1590, mort en 1666. Ecole de Bologne.*

38. *Ste. Pétronille.*

Ste. Pétronille, qu'on nomme vulgairement en Franc. Ste. Perrine,

B

était fille de l'Apôtre S. Pierre, c'est tout ce que l'on sait de sa vie. Revêtue d'habits de fête, et la tête couronnée de fleurs (suivant l'usage de la primitive église, encore en vigueur en Italie) le corps de la Ste. est prêt à être déposé dans la tombe. Tandis que deux hommes le descendent, à l'aide de linceuls, un troisième, dont on n'aperçoit que les mains, le reçoit au fond de la fosse. A gauche, et près du lit funèbre sur lequel le corps a été apporté, on voit un enfant suivi de deux femmes éplorées, et d'un jeune homme, portant une torche allumée; du côté opposé, plusieurs assistans, parmi lesquels est un jeune homme richement vêtu; et dans la partie supérieure du Tableau on aperçoit, sous la figure d'une jeune et belle Vierge magnifiquement parée, l'ame de Ste. Pétronille qui, dégagée des liens du corps, est reçue par Jésus – Christ dans la gloire céleste.

Ce Tableau le plus capital, sans contredit, qui soit sorti du fécond pinceau du Guerchin, est tiré du Palais pontifical de Monte Cavallo, à Rome, dont il ornait la grande salle qui pré-

cède la chapelle Pauline. C'est au pape Grégoire XV, de la maison de Ludovisi, que l'on
est redevable de ce chef-d'œuvre, ainsi que le
témoigne l'inscription suivante, mise par le
peintre au bas de son Tableau :

GREGORIO XV. PONT. MAX.
IO. FRANC.S BARBERIVS CENTENSIS.
FACIEBAT MDC. XXIII.

Il voulut que le Guerchin eût part aux grands
Tableaux qu'il faisait exécuter alors pour l'église
de S. Pierre ; celui de l'autel de Ste. Pétronille
lui étant tombé en-partage, il l'exécuta rapidement, et l'ayant terminé en 1623, l'année même
de la mort du Pontife, il fut mis en place, où
il est resté jusqu'à ce que ayant été exécuté en
mosaïque, il a été transporté au palais de Monte
Cavallo. Le Musée central possède la planche
de cette belle composition très-bien gravée par
N. Dorigny.

39. *L'incrédulité de S. Thomas.*

Huit jours après la résurrection,
les Disciples étant assemblés et Thomas avec eux, le Christ leur apparaît
de nouveau, et présentant à Thomas
la plaie de son côté, lui dit d'y porter
les doigts, et confond ainsi son
incrédulité.

Ce Tableau provient de la Galerie de Peinture
du Vatican à Rome, où il avait été transporté du
Palais de Monte Cavallo, dans lequel il se
voyait autrefois. Malvasia, dans la vie du Guerchin, fait mention d'un S. Thomas touchant
les plaies du Christ, qu'il peignit en 1621, pour
le Sr. Bartolomeo Fabri ; ce pourrait bien être
celui-ci.

40. *Le Mariage de Ste. Catherine.*

La Vierge assise, et vue à mi-corps, tient sur ses genoux l'enfant Jésus, qui met au doigt de Ste. Catherine l'anneau signe de l'alliance qu'il contracte avec elle.

Ce Tableau est tiré de la Galerie de Modène.

41. *La fille d'Hérodias recevant la tête de S. Jean-Baptiste.*

S. Jean vient d'être décapité, Salomé, fille d'Hérodias, reçoit sa tête dans un bassin pour la porter en triomphe à sa mère : derrière elle est une suivante, dont l'émotion contraste avec la froide barbarie de sa maîtresse.

Ce Tableau vient de la Galerie de Modène.

GUIDE (Guido Reni, dit le), *né à Calvenzano, près Bologne, en 1575, mort en 1642. Ecole de Bologne.*

42. *Le Crucifiement de S. Pierre.*

Le Saint est ici représenté au moment d'être cloué sur la croix, la tête en bas. Tandis que l'un des bourreaux le hisse avec effort au moyen d'une corde dont ses pieds sont liés, et qu'un autre soulève la tête et les épaules, un troisième, monté sur l'échelle, est prêt à enfoncer avec un marteau le clou qu'il a déjà fait pénétrer dans l'un des pieds.

Ce Tableau vient de la Galerie de Peinture du Vatican à Rome. Il se voyait autrefois dans l'église de S. Paul aux trois fontaines ; mais comme il courait risque de s'y perdre, à cause de l'humidité du lieu, Clément XIII, après y avoir susbtitué une copie faite par Stefano Pozzi, le fit transporter au Palais de Monte Cavallo, où il est resté jusqu'au moment où Pie VI lui a donné place dans la Galerie de Peinture qu'il a formée au Vatican. Par ses ordres encore il en a été exécuté une très-belle copie en mosaïque, qui se voit à l'autel de la nouvelle sacristie de St. Pierre. Ce morceau méritait à tous égards ces soins et ces honneurs, car outre que c'est un des meilleurs ouvrages du Guide, il fait époque dans son histoire. Le Chevalier d'Arpin, jaloux des succès du Caravage, cherchait à les balancer en lui opposant le Guide ; ayant su que le Tableau du Crucifiement de S. Pierre était destiné au Caravage, il fit tant auprès du Cardinal Borghèse, qu'il l'obtint pour son protégé, lui promettant que le Guide saurait se transformer en Caravage, et lui faire un Tableau dans la manière de ce maître ; ce qu'en effet il exécuta. Ce Tableau a été gravé par Thiboust.

43. J.-C. remettant à S. Pierre les clefs de l'Eglise.

Le Sauveur consigne les clefs de son église à S. Pierre, qui les reçoit respectueusement à genoux Parmi les Apôtres, on distingue S. Paul à gauche de Jésus-Christ, et derrière lui S. Jean, son disciple favori.

Ce Tableau vient de l'église de S. Pierre des Philippins, à Fano, dont il décorait le maître-autel. Il a été gravé et copié plusieurs fois. Le Musée possède la même composition, peinte en petit sur cuivre, dans l'école du Guide, et peut-être de la main de la *Sirani*.

44. La Vierge, S. Jérôme et S. Thomas.

La Vierge, portée sur un groupe de nuages, et entourée de la gloire céleste, tient son fils sur ses genoux ; il étend les bras et tourne ses regards vers S. Jérôme et S. Thomas, qu'on voit en bas occupés à méditer leurs écrits qu'il paraît inspirer.

Ce Tableau vient de la cathédrale de Pesaro, deuxième chapelle à gauche. Malvasia et les écrivains les plus modernes, rangent avec justice ce Tableau parmi les meilleurs que le Guide ait fait dans sa seconde manière.

45. La Fortune.

Nue, et sans autre parure qu'une

légère draperie qui voltige au gré du vent, la Fortune plane au-dessus du globe, avec lequel elle paraît rapidement emportée par un même mouvement de rotation. D'une main elle tient des palmes et un sceptre, et de l'autre une couronne dont elle se joue, en la faisant pirouetter sur ses doigts. Un Génie ailé, qui suit de près la fugitive Déesse, tente de l'arrêter par la chevelure. Serait-ce l'Occasion saisissant la Fortune, que le Peintre aurait voulu figurer par ce gracieux emblême?

Ce morceau est tiré de la Galerie du Capitole, à Rome. La grande réputation dont il jouit en a fait multiplier à l'infini les gravures et les copies.

46. *Adam et Eve.*

Debout, au pied de l'arbre de vie, Eve, cédant aux perfides conseils du serpent, vient de cueillir la pomme fatale, et la présente à Adam.

Ce Tableau est tiré de la Galerie de Turin.

47. *Apollon et Marsyas.*

Marsyas ayant osé disputer à Apollon le prix de l'harmonie, ce

Dieu le punit de sa témérité en l'écorchant vif.

Ce Tableau provient de la Galerie de Turin.

48. *L'Immaculée Conception.*

Debout sur des nuages, la Vierge entourée de Chérubins, apparaît dans sa gloire; à ses pieds est un croissant, et deux Anges lui mettent la couronne sur la tête.

Ce Tableau, qui provient de Turin, paraît être de l'école du *Guide.*

JULES ROMAIN (Giulio Pippi, dit) *né à Rome en 1498, mort en 1546. Ecole Romaine.*

49. *La Ste. Famille dans un paysage.*

La Vierge assise, tient sur ses genoux son fils qui lui présente le petit S. Jean; derrière, sur la droite, est S. Joseph appuyé sur un autel antique.

Ce Tableau dont les figures sont demi nature, est tiré de la collection du Palais Pitti à Florence.

50. *Le Portrait de Jules II.*

Julien *della Rovere*, natif de

Savonne, dans l'état de Gênes, élu Pape en 1503, et mort en 1513, âgé de 70 ans, s'est rendu célèbre par son amour pour les Lettres et pour les Arts, à la restauration desquels il a contribué puissamment.

Ce portrait qui vient du Palais Pitti à Florence, est une copie de celui du même Pape, fait par Raphaël, et qui est exposé sous le N.° 75.

51. *La Ste. Famille.*

On y voit la Vierge, S. Joseph et l'Enfant Jésus, auquel sa mère présente un livre.

Ce petit Tableau vient du Palais Pitti.

52. *Le Chœur des Muses.*

Sur la gauche on distingue Calliope, Clio, Erato, Melpomène et Therpsicore, au centre Apollon, et sur la droite Polymnie, Euterpe, Thalie et Uranie.

Ce tableau, peint sur bois, et sur un fond d'or, est tiré du Palais Pitti à Florence.

53. *La Vierge, l'Enfant Jésus et S. Jean.*

La Vierge vue à mi-corps, porte dans ses bras l'Enfant Jésus, que le petit S. Jean indique du doigt.

Ce petit Tableau vient de Rome.

B 5

MANTEGNE (Andrea Mantegna) né à Padoue en 1431, mort à Mantoue en 1517. Ecole Lombarde.

54. *La Vierge de la Victoire.*

Assise sur un trône orné des marbres les plus précieux et de bas-reliefs en or, la Vierge tient son fils sur ses genoux ; le manteau dont elle est revêtue, est soutenu d'un côté par l'Archange S. Michel, appuyé sur son épée, et de l'autre par S. Maurice, tous deux couverts de riches armures. On aperçoit derrière eux, à droite S. Longin, avec un casque rouge, et de l'autre S. André, protecteur de la ville de Mantoue. Près de la Vierge est le petit S. Jean debout, et plus bas sa mère Ste. Elizabeth à genoux, un chapelet de corail à la main. Enfin, à gauche et sur les marches du trône on voit le Marquis de Mantoue, Jean - François de Gonzague, armé de pied en cape, et décoré du cordon de S. Maurice, à genoux, rendant grâces à la Vierge, qui lui tend la main en signe de protection, tandis que son fils lui donne sa bénédiction. La niche qui reçoit le trône de la Vierge est ornée de festons de verdure, entremêlés de fleurs, de fruits, de coraux, de perles et de pierreries de toute espèce.

Ce Tableau vient de Mantoue où il se voyait au maître-autel de l'église des Philippins, dite *la Madone de la Victoire*, parce qu'elle a été bâtie en 1496, par le marquis de Mantoue, Jean-François de Gonzague, en mémoire d'une victoire que peu de tems auparavant il avait remportée sur les Français près des bords du Taro, où il commandait en chef l'armée de la ligue formée pour chasser Charles VIII de l'Italie. Mantegne, qui avait été l'architecte de l'église, fut aussi chargé de peindre l'ex-voto du maître-autel; il se piqua de mettre dans l'exécution de ce morceau tout le soin dont il était capable, et ce fini recherché, cette délicatesse extrême qui caractérisent ses ouvrages. On peut dire qu'il a réussi complètement quant à la perfection de la main-d'œuvre; car depuis trois siècles qu'il existe, ce Tableau, exécuté sur une simple toile ouvrée, n'est altéré dans aucune de ses parties, et se trouve absolument dans le même état où il sortit de ses mains.

MICHEL-ANGE (Michelangelo Bonarruoti, dit) *né à Florence en 1474, mort à Rome, en 1563. Ecole Florentine.*

55. *Les trois Parques.*

Les Parques, filles de l'Enfer et de la Nuit, étaient trois sœurs qui présidaient à la vie de l'homme dont elles filaient les jours ; on voit ici *Lachésis*, la moins âgée des trois, tenant la quenouille, *Clotho* tournant le fuseau, et l'inflexible *Atropos*, armée du fatal ciseau, s'apprêtant à tronquer le fil.

Ce Tableau, peint sur bois, est tiré de la collection du Palais Pitti de Florence ; celle du Musée central des Arts ne possédait aucun ouvrage de Michel-Ange.

MORONI (Giovani Batista), *né à Albino, près Bergame, mort en 1578. Ecole vénitienne.*

56. *Une Tête d'homme.*

Sa barbe et ses cheveux sont grisons ; il est vêtu de noir, et porte un collet blanc rabattu.

57. *Une Tête de femme.*

Elle est vêtue de rouge avec une mante noire et une collerette blanche montée.

Ces deux Portraits sont tirés du Palais Pitti. Le Musée ne possedait rien de ce maitre.

PARMESAN (Francesco Mazzola, dit le) *né à Parme en 1503, mort en 1540. Ecole Lombarde.*

58. *La Vierge aux Anges.*

Assise sur son trône, la Vierge tient sur ses genoux son fils endormi; à ses côtés sont plusieurs Anges, dont l'un présente à l'enfant Jésus un vase dans le poli duquel apparaissent la croix et les instrumens de la Passion.

Ce Tableau, connu vulgairement sous le nom de *Madonna del Collo Longo*, vient du Palais Pitti à Florence : au bas du Tableau on lit une inscription qui prouve que le Parmesan est mort avant de l'avoir achevé ; elle est ainsi conçue :

FATO PRÆVENTUS F. MAZZOLI PARMENSIS ABSOLVERE NEQUIVIT.

PAUL VERONESE (Paolo Caliari, dit), né à Vérone en 1532, mort en 1588. École Vénitienne.

59. Le Repas chez Simon.

Sous un portique de riche architecture, est dressée la table autour de laquelle sont rangés les convives; elle est divisée en deux parties : dans celle qui est à gauche on voit au premier rang J.-C. assis, et à ses pieds la Madeleine pénitente, qui après les avoir parfumés et arrosés de ses larmes, obtient par cet acte d'humilité la rémission de ses péchés. Placés en face de J.-C., Simon, et sa femme debout près de lui, regardent cette scène avec étonnement, ainsi que les Disciples rangés autour de la table; parmi eux on remarque, à droite sur le devant, Judas qui se lève brusquement, désapprouvant hautement la perte du précieux parfum que la Madeleine vient de répandre sur les pieds de Jésus-Christ.

Ce Tableau est tiré du réfectoire des religieux de S. Sébastien à Venise; c'est une des *quatre fameuses cènes* qui ont tant contribué à accroître la réputation de P. Véronèse, et à donner à son nom la célébrité dont il jouit.

60. *La Vierge, S. Jérôme et autres Sts.*

Assise dans une niche tapissée d'une riche étoffe, la Vierge tient dans ses bras l'enfant Jésus : il paraît accueillir favorablement le petit S. Jean, qui, debout sur un piédestal, lui présente S. François. Derrière celui-ci on aperçoit Ste. Justine, et de l'autre côté S. Joseph près de la Vierge, et au-dessous S. Jérôme en habit de cardinal, tenant à la main un volume de ses écrits.

Ce Tableau l'un des meilleurs qu'ait produit Paul Véronese, est tiré de l'église des religieuses de S. Zacharia à Venise, où il se voyait dans la sacristie. Il a été gravé par Antonio Luciani, d'après un dessin de Tiepolo.

61. *Le Martyre de S. Georges.*

Entouré de gardes, S. Georges est amené devant la statue d'Apollon pour y sacrifier : là pressé de nouveau par le Ministre des faux Dieux de leur rendre hommage, il tourne ses bras et ses regards vers le séjour céleste, où la Vierge rayonnante de gloire lui apparaît, ayant à ses côtés les Apôtres S. Pierre et S. Paul, et les trois Vertus théologales, la Foi, l'Espérance et la Charité, qui paraissent intercéder pour le Saint; plus bas est un Ange qui lui apporte la palme et la couronne du martyre.

Ce Tableau vient du maître-autel de l'église de S. Georges à Vérone, et il a toujours passé pour le meilleur des ouvrages que Paul Véronèse ait laissé dans sa patrie. Le Musée national possède la même composition en petit.

62. *Junon versant des trésors sur la ville de Venise.*

Portée dans les airs par un nuage, Junon tient en sa main une corne d'abondance remplie de couronnes, de pièces de monnaies, de pierreries et de richesses de toute espèce; elle les verse sur la ville de Venise, figurée par une belle femme qu'on voit appuyée sur le lion de S. Marc, et tenant un sceptre d'or à la main.

Ce Plafond est tiré du Palais ducal de Venise, et faisait, ainsi que le précédent, partie du plafond de la *salle des Dix.*

63. *S. Marc couronnant les Vertus.*

S. Marc soutenu et environné d'Anges, dont l'un tient le livre de son Évangile, apparaît dans les airs, tenant en main une couronne d'or : en bas, et sur la terre, on voit les trois Vertus théologales ; savoir, à gauche, la Foi un calice en main ; au milieu, l'Espérance vêtue de verd, et la Charité, qu'embrasse un jeune enfant, lesquelles toutes ont les bras et les yeux tournés vers lui, et aspirent à mériter la couronne qu'il leur présente.

Ce plafond provient du Palais ducal de Venise, où il décorait l'anti-chambre de la salle des Dix, dite *sala della Bussola.*

PORDENONE (Gio Antonio Licinio da Pordenone, dit le), *né à Pordenone en Frioul en* 1484, *mort en* 1540. *Ecole Vénitienne.*

64. *S. Laurent Justiniani, et autres Saints.*

Au centre de la composition, S. Laurent, de la famille Justiniani, est représenté prêchant et tenant un livre à la main ; deux Religieux de son ordre sont à ses côtés, et sur le devant, on voit à droite S. Jean Baptiste, et à gauche S. Augustin debout, et S. François à genoux devant l'agneau que porte S. Jean-Baptiste. Le fond représente l'intérieur d'une église.

Ce Tableau est tiré de l'église de la *Madonna del Orto* à Venise, où il se voyait à la cinquième chapelle à gauche. Il a toujours passé pour un des meilleurs ouvrages du Pordenone.

PERUGIN (Pietro Vannucci, dit le),
né à Perouse en 1446, mort en 1524. École Romaine.

65. *Le Prophéte Isaïe.*

Il est représenté assis, et tenant dans ses mains un rouleau sur lequel on lit ces mots :

Elevata est magnificentia tua super cælos dsp.

66. *Le Prophéte Jérémie.*

Il est assis et tient dans ses mains

une bandelette sur laquelle on lit
ces paroles :

*Cœlum sedes mea , terra autem
scabellum pedum meorum.*

Ces deux Tableaux sont tirés de l'église des
Bénédictins de S. Pierre à Perouse.

67. *La Vierge et l'Enfant Jésus.*

Debout dans un paysage, la Vierge
tient dans ses bras son fils auquel
elle présente un livre.

Ce Tableau, attribué au Pérugin, vient de
Rome ; il est sur cuivre et de forme octogone.

68. *La Mère de Pitié.*

La Vierge assise teint sur ses genoux le corps de son fils , dont S.
Jean soutient la tête. A ses pieds on
voit la Madeleine, et aux deux côtés
Joseph d'Arimathie et Nicodême.

Ce Tableau, peint sur bois, vient du Palais
Pitti à Florence.

RAPHAEL (Raffaele Sanzio , dit), *né
à Urbin le vendredi saint de l'année
1483 , mort à pareil jour à Rome en
1520 , âgé de 37 ans. École Romaine.*

69. *L'Assomption de la Vierge.*

Déjà la Vierge est montée au ciel;

on l'y voit sur un groupe de nuages,
recevant de J. C. la couronne de gloire
qui lui était destinée, au milieu d'Anges et de Chérubins qui forment un
concert de voix et d'instrumens. En
bas les Apôtres, restés autour du sépulchre, la contemplent avec admiration dans la gloire céleste, ou marquent leur surprise à la vue des fleurs
qu'ils découvrent dans le tombeau à
la place qu'elle occupait.

Ce Tableau est tiré de la sacristie de l'église
de S. Francesco à Perouse, et originairement
il se voyait dans l'église, à la chapelle de la
famille Oddi, pour laquelle il a été fait. C'est
le premier ouvrage connu de l'immortel Raphaël, qui l'exécuta à l'âge de 17 à 18 ans,
et il peut servir à marquer le point d'où il est
parti pour arriver, après 20 ans d'études, au de-
gré de perfection qu'on remarque dans sa *Transfiguration*. Ces deux morceaux, qu'on peut regarder l'un comme les prémices, et l'autre
comme le complément du talent de ce grand
maître, se trouvant en ce moment exposés l'un
à côté de l'autre, on peut, en les comparant,
juger aisément de l'intervalle immense que son
génie a su franchir. Parmi les Apôtres qui sont
autour du sépulchre de la Vierge, dans le Tableau
de l'Assomption, N°. 69, on remarque le *portrait de Raphaël* à l'âge de 17 ans, auquel il
exécuta ce morceau ; peint par le Pérugin son
maître : c'est la tête du jeune Apôtre vêtu de
brun, qui est à droite sur le second plan près le
bord du Tableau ; et du côté opposé, *le portrait
du Pérugin*, exécuté par Raphaël : c'est la tête

de profi!, avec un peu de barbe au menton, qui se voit à gauche près la bordure.

Les amateurs apprendront encote avec intérêt, que les propriétaires de ce morceau précieux sous tant de rapports, en ont refusé la somme de 14000 écus romains (80000 fr.), qui leur a été offerte, tout récemment, par Milord Bristol, Évêque d'Oxford.

70. *La Vision d'Ezéchiel.*

Le Père éternel apparaît dans sa gloire, soutenu par des Anges et par les animaux symboles des quatre Evangélistes.

Ce Tableau, peint sur bois, vient du Palais Pitti à Florence.

71. *La Vierge couronnée dans le Ciel, après son Assomption.*

La Vierge vient de sortir du tombeau, et déjà elle est dans la gloire céleste où J.-C. lui met sur la tête la couronne qui lui était réservée; à ses côtés sont deux petits Anges en adoration, et deux autres répandant des fleurs. Dans la partie inférieure du Tableau, on voit les Apôtres restés autour du sépulchre de la Vierge, exprimant en diverses manières leur étonnement et leur admiration : les uns observent avec curiosité les fleurs écloses à la place que la Vierge occupait ; les autres, parmi lesquels on distingue S. Pierre et S. Paul, la suivent des yeux dans la gloire.

Ce Tableau est tiré de l'église des Religieuses claristes de Monteluce près Perouse, dont il décorait le maître-autel : son histoire, intéressante pour l'Art, mérite d'être connue, et nous espérons un jour la publier dans le plus grand détail ; quant à présent, en voici le précis.

Dès l'année 1505, Raphaël, alors âgé de 22 ans, avait pris avec les religieuses de Monluce l'engagement de faire ce Tableau, et en avait reçu d'avance 30 écus d'or ; mais occupé d'abord de ses études à Florence, puis de ses travaux à Rome, il en perdit si bien le souvenir que onze ans après, en 1516, les religieuses, forcées à le lui rappeler, lui firent souscrire un acte (dont l'original, apporté d'Italie avec le Tableau, existe au Musée) par lequel il s'obligeait de faire enfin ce Tableau, *suivant le dessin qu'il en avait donné précédemment*, et ce, dans l'espace d'un an, et pour le prix de 200 écus d'or. Mais, malgré toutes ces précautions, les religieuses n'obtinrent pas encore leur Tableau. Engagé avec le Pape et les premiers princes de l'Europe, qui l'accablaient de commissions, Raphael ne put jamais trouver le moment de l'exécuter, et fut surpris par la mort, sans avoir rempli son engagement ; mais quelque tems après, les religieuses ne voulant pas perdre leurs avances, pressèrent les héritiers de Raphaël, qui étaient Jules Romain et Jean-François Penni, dit le Fattore, ou de rendre les 30 ducats, ou de faire eux-mêmes le Tableau ; ceux-ci choisirent le dernier parti, et se partagèrent la besogne. Pour faciliter le transport de Rome à Perouse, le panneau fut divisé en deux parties, *et suivant le dessin que Raphaël en avait donné précédemment*. Jules Romain peignit, dans la partie inférieure *les Apôtres autour du sépulchre de la Vierge*, et dans la partie supérieure le Fattore représenta *son couronnement par J.-C. dans le ciel*. Ce fut ainsi qu'en 1524, ce Tableau fut enfin terminé et mis en place, offrant aux curieux la réunion unique d'une composition de Raphaël, exécutée par les deux plus habiles de ses disciples.

72. *L'Ecole d'Athènes*

On sait qu'en présentant, dans cette composition les Philosophes de tous les âges et de toutes les sectes, réunis dans un même lieu, et sous un même coup-d'œil, le but du Peintre a été d'offrir le tableau complet de la *Philosophie ancienne*

Au centre et sur le plan le plus élevé, *Platon* et son disciple *Aristote* occupent, comme princes de la Philosophie, la place la plus apparente, et, entourés d'un nombreux auditoire, paraissent agiter entr'eux les questions les plus intéressantes.

Sur la gauche, *Socrate* comptant par ses doigts, explique sa doctrine des nombres à *Alcibiade*, figuré par un beau jeune homme cuirassé et le casque en tête.

Au-dessous de ce groupe et sur le

premier plan, *Pythagore* assis, est occupé à transcrire dans un livre ses consonnances harmoniques qu'un jeune homme lui présente gravées sur une tablette : autour de lui sont ses disciples *Empédocles*, *Epicharme*, *Archytas*, etc.

Le groupe qui est à droite sur le devant, offre *Archimède* traçant à terre des figures de Géométrie, qu'il explique à ses jeunes disciples attentifs à la démonstration ; près de lui est *Zoroastre* debout, la couronne radiale en tête, et tenant, comme inventeur de l'Astronomie, un globe céleste à la main.

Enfin, au milieu et couché seul sur l'un des degrés, on voit le cynique *Diogène* à moitié nu, et sa tasse à son côté, méditant sur une tablette qu'il tient en main.

Ce carton est tiré de la Bibliothèque Ambroisienne de Milan, où il se voyait depuis long-tems. C'est le même dont Raphaël s'est servi pour exécuter la célèbre fresque de l'*Ecole d'Athènes* au Vatican (ce que prouvent les trous dont tous les contours sont piqués), et il devient d'autant plus précieux, que la fresque se détériorant tous les jours, est menacée d'une ruine prochaine. Les artistes et les amateurs ver-

ront.

ront donc avec plaisir les soins qu'on s'est donné pour tirer ce carton du mauvais état dans lequel il était arrivé, et sauront quelque gré à l'Administration du Musée, des précautions religieuses qu'elle a prises pour conserver à la postérité ce *premier trait* de la plus belle composition du plus grand Peintre du monde.

On remarque, entre ce carton et la fresque, plusieurs différences qui consistent presque toutes en *additions* que Raphaël a faites en la peignant : telles sont, 1°. la figure d'un Philosophe assis, qu'il a introduite entre le Pythagore et le Diogène ; 2°. le portrait de son maître Pérugin et le sien, qu'il a placés à droite derrière le Zoroastre ; 3°. deux autres demi-figures qu'il a ajoutées derrière le groupe des auditeurs d'Aristote.

73. *La Transfiguration de Jésus-Christ.*

J.-C. ayant pris avec lui S. Pierre, S. Jacques et S. Jean, les mène à l'écart sur le sommet du Tabor, où il est transfiguré devant eux. Son visage devient rayonnant de gloire, et ses habits blancs comme la neige. A ses côtés paraissent Moïse et Elie qui s'entretiennent avec lui. En même tems une voix éclatante fait entendre ces paroles : *Celui-ci est mon fils bien aimé, en qui j'ai mis ma confiance, écoutez-le.* A ces paroles, les Disciples tombent le visage contre terre, saisis de frayeur,

C

et éblouis des rayons de la gloire qui environne leur maître (1).

Tandis que ce prodige s'opère au haut de la montagne, une autre scène se passe au bas, où les autres Disciples sont restés pour attendre leur maître. Une foule de peuple leur amène un jeune possédé pour le guérir. Sa bouche écumante, ses yeux renversés, le gonflement et la contraction de ses muscles, l'état violent où se trouvent toutes les parties de son corps, expriment assez les horribles convulsions auxquelles il est en proie. Tandis que son père le tient avec force, sa sœur qui est à côté de lui, et sa mère qu'on voit agenouillée sur le devant, montrent aux Disciples l'état déplorable où il se trouve, et implorent avec instance sa délivrance, que la multitude accourue demande aussi à grands

_____

(1) Les deux jeunes gens vêtus en Diacres, que l'on aperçoit à gauche, près d'un buisson, sur le penchant de la montagne, sont, à ce que l'on prétend, les portraits des neveux du Cardinal Jules de Médicis qui fit faire le Tableau. D'autres veulent que ce soit les Diacres S. Etienne et S. Laurent.

cris. A ce spectacle les Disciples, émus de compassion, tentent d'opérer le miracle, mais en vain cherchent-ils à procurer du soulagement à ce malheureux ; leur peu de foi rend leurs efforts inutiles, et forcés d'avouer leur impuissance, ils montrent du doigt le haut de la montagne où leur maître est monté, indiquant que c'est à lui qu'il faut recourir, comme au seul qui puisse opérer le miracle.

Ce Tableau est tiré de l'église de S. Pietro in Montorio à Rome, où il se voyait au maître-autel. C'est au Cardinal Jules de Médicis, alors Vice-Chancelier, et depuis Pape sous le nom de Clément VII, que l'on a l'obligation d'avoir fait éclore ce chef-d'œuvre de Peinture. Son intention, en ordonnant ce Tableau, (qui fut payé 655 ducats, environ 3500 liv.) était de l'envoyer en France pour décorer la cathédrale de Narbonne dont il était Archevêque; mais Raphaël ayant été enlevé en 1520, au moment où il le terminait, le Cardinal ne jugea pas à propos de priver Rome de ce chef-d'œuvre, et le remplaça à Narbonne par un Tableau de Sébastien del Piombo, représentant la Résurrection de Lazare. (I) Quant à la *Transfiguration*, après avoir été exposée au-

(I) Le Tableau de la Résurrection de Lazare, par Sébastien de Piombo, dont il est ici question, a passé depuis dans la Galerie du ci-devant Palais-Royal, et se trouve actuellement en Angleterre avec les autres Tableaux qui la composaient.

dessus du corps de Raphaël, pendant tout le cours des obsèques magnifiques qui lui furent faites, elle fut transportée au Palais de la Chancellerie qu'habitait alors le Cardinal, et y resta jusqu'en l'année 1523, que, par son ordre, elle fut placée au maître-autel de l'église de S. Pietro in Montorio, ainsi que le témoigne l'inscription suivante qu'on y a vu long-tems, et qui n'en a été ôtée qu'en 1757, lorsque le Tableau fut descendu pour être copié par Stéphano Pozzi, afin d'être exécuté en mosaïque.

DIVO PETRO PRINCIPI APOSTOLORUM
JULIUS MEDICES CARD. VICE CANCELLARIUS
D. D. ANNO MDXXIII.

C'est-là que ce chef-d'œuvre, la dernière et la plus parfaite production du talent toujours croissant du divin Raphaël, est resté pendant près de trois siècles exposé à l'admiration de l'univers, jusqu'à ce qu'enfin il est revenu sur les ailes de la victoire, à sa première destination.

Rapproché, comme il est en ce moment, du tableau de l'*Assomption*, N.º 69, qu'il peignit n'étant âgé que de 17 ans, on peut, en comparant ces deux extrêmes du talent de Raphaël, juger de l'espace que son génie avait déjà parcouru, et de l'immense carrière qu'il aurait pu fournir encore, si la mort ne l'eût arrêté à 37 ans.

74. *Le Portrait du Pape Léon X.*

Le père des Arts, le Restaurateur des Lettres, le digne successeur de Jules II, Léon X, est ici reproduit par le pinceau de Raphaël; il est assis à son bureau, et vu jusqu'aux genoux; à sa droite est le Cardinal Jules de Médicis, (1) son cousin, alors Vice-Chancelier, et depuis Pape, sous le nom de Clément VII, et derrière sa chaise le Cardinal Louis de Rossi, Secrétaire des brefs.

Ce Tableau qui provient de la collection du Palais Pitti à Florence, a été exécuté à Rome, de 1517 à 1519, c'est-à-dire dans les dernières années de la vie, et par conséquent dans toute la vigueur du talent de Raphaël. Il est célèbre par la copie qu'André del Sarto en fit vers 1625, par ordre d'Octavien de Médicis, pour la substituer à l'original que Clément VII lui avait ordonné d'envoyer au Duc de Mantoue, Frederic II; copie si parfaite qu'elle fut prise pour l'original par Jules Romain lui-même qui y avait travaillé avec son maître; et peut-être passerait-elle encore pour être de la main de Raphaël, si Vasari, qui avait vu faire cette copie, n'eût détrompé Jules Romain, en lui faisant voir le nom d'André, écrit par lui sur l'épaisseur même du Tableau. Cette précieuse copie, après avoir appartenu aux Ducs de Mantoue et aux Farnèse, a passé à Naples où elle se voit encore dans la collection de *Capo di Monte*.

75. *Le Portrait du Pape Jules II.*

Julien *della Rovere*, natif de Savonne, élu Pape en 1503, et mort en 1513, âgé de 70 ans, s'est

_____

(1) Le même qui ordonna à Raphaël le Tableau de la Transfiguration. Voyez page 51.

également rendu célèbre et par son humeur guerrière qui lui mit souvent l'épée à la main, et par son amour pour les Lettres et les Arts, à la restauration desquels il contribua puissamment.

Ce Portrait, peint sur bois, vient du Palais Pitti à Florence, ainsi que la copie faite par Jules Romain, qui est exposée sous le N.° 60 Il y en avait encore un autre copie dans la Galerie d'Orléans au Palais-Royal.

76. *Le Portrait du Cardinal Inghirami.*

Le Cardinal Fedro Inghirami, Homme de Lettres et Bibliothécaire de la Bibliothèque du Vatican, est ici représenté à mi-corps, la berette en tête, et tenant un écrit à la main.

Ce Portrait, peint sur toile, est tiré de la collection du Palais Pitti.

77. *Le Portrait du Cardinal de Bibbiena.*

Bernardo Tarlati, ou Divizio, né à Bibbiena en Toscane, l'an 1470, fut d'abord secrétaire de Laurent de Médicis, puis de Jean de Médicis son fils, qui, devenu Pape sous le nom de Clément VII, l'éleva en 1513 à la pourpre romaine.

Homme d'esprit et de Lettres, le Cardinal de Bibbiena est compté parmi les restaurateurs du Théâtre, sa comédie intitulée *la Calandra*, étant la première qui ait été écrite en prose italienne; il fut aussi l'un des plus zélés protecteurs de Raphaël, et se prit pour lui d'une telle amitié qu'il voulait lui donner sa nièce en mariage, alliance qui peut-être aurait été consommée, si la mort n'eût enlevé dans la même année (en 1520) le protecteur et le protégé.

Ce Portrait, peint sur bois, est tiré de la collection du Palais Pitti.

78. *Ste. Anne, la Vierge et Ste. Catherine.*

Ste. Anne assise, reçoit des mains de la Vierge l'enfant Jésus qui sourit à Ste. Catherine placée debout derrière Ste. Anne. Sur le devant, le jeune St. Jean indique du doigt le Sauveur.

Ce Tableau exécuté pour Bindo Altoviti, gentilhomme florentin, a décoré long-tems la chapelle du Palais vieux à Florence; il a passé ensuite dans la collection du Palais Pitti, dont il a été tiré; il a été gravé en 1602, par Francesco Villamena.

79. *La Vierge de la Chaise, connue sous le nom de* la Madonna della Sedia.

Assise sur une chaise, la Vierge tient dans ses bras son fils, près duquel on voit le petit St. Jean en prières les mains jointes.

Ce Tableau, l'un des plus précieux qui soient sortis du pinceau de Raphaël, est tiré de la collection du Palais Pitti à Florence. Vasari n'en faisant pas mention, ni aucun autre auteur contemporain, son histoire n'est pas bien connue ; on sait seulement que dès l'année 1589, il était placé dans la galerie de Florence, parmi les chefs-d'œuvres qui ornaient la pièce dite de la *Tribune* : et qu'au commencement de ce siècle il a passé au palais Pitti, où Richardson, qui écrivait en 1728, l'a décrit. Les copies qui ont été faites de ce Tableau sont sans nombre : il a aussi exercé le burin de plusieurs graveurs parmi lesquels on distingue *G. Sadeler*, *Van Schuppen Bartolozzi* et *Morghen*. Mengz, dans une lettre adressée à don Antonio Ponz assure qu'il existe à Madrid une répétition de ce Tableau, qui n'en diffère qu'en ce que la forme en est carrée, et que le S. Jean ne s'y trouve pas.

SACCHI (Andrea) *né à Rome en 1599, mort en 1661. École Romaine.*

80. *S. Romuald.*

Au milieu du désert de Camaldoli en Toscane, et assis à l'ombre d'un chêne, S. Romuald, fondateur de l'ordre des Camaldules, s'entretient avec ses religieux. Il leur explique la vision qu'il a eue d'une échelle qui, posée en terre, atteignait le ciel, et sur laquelle montaient ceux de ses religieux qui avaient vécu de manière à mériter la béatitude éternelle.

Ce Tableau provient de l'église des Camaldules de S. Romuald à Rome, où il était placé sur le maître-autel. Il a été long-tems regardé comme l'un des quatre meilleurs Tableaux de Rome.

81. *Le Miracle de S. Grégoire.*

Le Pape S. Grégoire-le-Grand, pour satisfaire le désir d'un seigneur étranger qui voulait avoir quelque rareté du trésor de l'église, lui avait donné un *Purificatoire* (linge qui sert à nettoyer le calice); mais celui-ci n'y voyant rien de bien précieux, n'en tenait compte. Un jour qu'il assistait à la mess du Pontife, celui-ci, pour lui donner une idée de la valeur du présent, prit le *Purificatoire*, et l'ayant percé en divers endroits, le sang en sortit de toute part, à la vue et au grand étonnement des assistans.

Ce Tableau est tiré de la Galerie de Peinture du Vatican à Rome, où il avait été transporté du Palais de Monte-Cavallo: il avait été peint originairement pour l'autel de S. Grégoire de l'église de S. Pierre, et y est resté jusqu'au moment où il a été exécuté en mosaïque.

SEBASTIEN DEL PIOMBO

(Sebastiano Veneziano, dit) *né à Venise, vers* 1485*, mort à Rome en* 1547. *Ecole Vénitienne.*

82. *Le Martyre de Ste. Agathe.*

Ste. Agathe, née en Sicile, souffre le martyre à Catane, l'an 251 de J.-C., pour n'avoir pas voulu condescendre à l'amour de Quintien, Gouverneur de la Sicile.

Ce Tableau qui est tiré du Palais Pitti à Florence, a été peint pour le cardinal d'Arragona : depuis il a appartenu aux Ducs d'Urbin, et à la mort du dernier Prince de cette famille, il est revenu, ainsi que tous les autres Tableaux de leur collection, à la grande duchesse de Toscane *Victoire*, femme de Ferdinand II, dernière héritière de la maison *della Rovere*.

TINTORET (Giacomo Robusti, dit le)
né à Venise en 1512, mort en 1594.
Ecole Vénitienne.

83. *S. Marc délivrant un esclave.*

Un Vénitien, esclave chez les Turcs, et condamné aux tourmens par son maître, est miraculeusement délivré par S. Marc qui lui apparaît dans les airs : à son aspect, les cordes dont le patient est garotté, se délient, et les instrumens préparés pour son supplice se rompent en éclats, au grand étonnement des assistans et des bourreaux, dont l'un plein de dépit, montre sa masse rompue en deux morceaux, à celui qui a ordonné le supplice, qu'on voit à droite sur un siége élevé.

Ce Tableau provient de l'Ecole ou Confrérie de S. Marco à Venise : c'est un des morceaux les plus capitaux qu'ait produit le Tintoret, qui le peignit vers 1548, à l'âge de 36 ans, et c'est un des trois auxquels il a jugé à propos d'apposer son nom en cette manière : JACOMO. TINTOR. F.

TITIEN (Tiziano Vecellio, dit le)
né à Cadore, dans le Frioul, en
1477, mort à Venise en 1576.
Ecole Vénitienne.

84. La Religion.

La Religion tenant la croix d'une
main et le calice de l'autre, apparaît dans les airs au milieu d'une
gloire d'Anges et de Chérubins; à
sa gauche est S. Marc debout,
avec son lion ; et à droite, à genoux,
le Doge *Antonio Grimani*, armé
d'une cuirasse et revêtu du manteau
ducal; un page, aussi à genoux
derrière lui, porte le *corno* ou bonnet
ducal, et plus loin sont deux gardes
debout armés de hallebardes : le fond
offre la perspective de la ville de
Venise.

Ce Tableau est tiré du Palais ducal de Venise,
où il se voyait dans la salle dite des *quatre
Portes.*

85. L'Assomption de la Vierge.

La Vierge sortie du tombeau s'é-
lance vers le séjour celeste ; les Disciples, restés autour de son sépulchre,

la contemplent avec admiration, ou marquent leur surprise des fleurs qu'ils découvrent à la place qu'elle vient de quitter.

Ce Tableau est tiré de l'église cathédrale de Vérone, où il se voyait à la première chapelle à gauche.

86. *Le Martyre de S. Laurent.*

Au centre et sur le devant de la composition, S. Laurent dépouillé de ses vêtemens est couché sur le gril fatal, et livré à la rage des bourraux; tandis que l'un d'eux le tient par derrière, un autre armé d'une fourche le contient par devant, et d'autres soufflent le feu, apportent du bois, ou éclairent avec des torches cette horrible scène. Calme au milieu des douleurs que lui font ressentir les atteintes du feu, le S. Diacre tourne ses regards vers le séjour céleste, d'où part une splendeur éclatante dont il est vivement éclairé.

Ce Tableau est tiré de l'église des Jésuites à Venise, dont il décorait la première chapelle à gauche. Il est justement célèbre par l'art avec lequel le Titien a su combiner et rendre le jeu et les effets des diverses lumières qu'il s'est plu à y faire contraster; ce Tableau a été gravé en petit par Sadeler. Le Titien en a fait un semblable pour Philippe II, Roi d'Espagne; il se voit à l'Escurial, et ne diffère de celui-ci que par le fond qui présente des nuages et de la fumée, au lieu d'architecture : ce dernier a été gravé par Corneille Gort.

87. *Le Portrait du Cardinal Hyppolite de Médicis, en habit guerrier.*

Ce Prince, fils naturel de Julien de Médicis, fut créé Cardinal en 1529, par le Pape Clément VII son cousin; mais ses mœurs étant plus militaires qu'ecclésiastiques, il portait l'épée, et ne prenait l'habit de cardinal que lorsqu'il avait à paraître dans quelque cérémonie publique; il mourut en 1535, âgé seulement de 24 ans.

Ce Tableau est tiré du Palais Pitti à Florence.

88. *Un Portrait de Femme.*

Elle est vêtue d'une robe bleue à manches cramoisies; elle porte une chaîne d'or au col, et un chapelet d'or à la main.

Ce Portrait, qui est tiré du Palais Pitti, passe pour être celui de la *maîtresse du Titien* : cependant il ne ressemble guères à un autre portrait de la maîtresse du Titien, que possède le Musée national.

EXPLICATION

DES TABLEAUX

DE L'ÉCOLE FLAMANDE.

BRUEGHEL, dit de Velours (Jean), né à Bruxelles vers 1589, mort vers 1642.

94. La Vue d'une forêt traversée par un chemin qui est couvert de bestiaux, de voitures et de voyageurs : le lointain offre un vaste horizon, et sur le devant on remarque un chariot couvert, attelé de trois chevaux.

95. Une Fête de village : sur le premier plan est une marchande de poisson.

96. Autre Fête villageoise ; on remarque sur le devant un chemin avec un chariot couvert d'une toile verte. Ce morceau, de l'école de Brueg l, pourrait être de *Pierre Gysen*, son élève.

97. La Procession du Saint-Sacrement

dans une ville de Flandres ; le dais est précédé par l'image de la Vierge, portée par quatre pénitens nus pieds, et par le corps des Magistrats, accompagné de ses huissiers.

98. La Tour de Babel : à gauche sur le premier plan, on voit le Roi Nemrod occupé à donner ses ordres pour la construction de cet immense édifice.

> Ce Tableau, ainsi que les quatre précédens, peints sur cuivre, sont tirés de la Galerie de Turin.

DOV (Gérard), *né à Leyden en 1613, mort dans la même ville en 1680.*

99. Une jeune Femme tenant une grappe de raisin qu'elle vient de cueillir par sa croisée.

100. Un Astrologue dans son cabinet, consultant, un compas à la main, les constellations.

> Ces deux Tableaux, peints sur bois, viennent de Turin.

GRIFFIER (Jean), né à *Amsterdam* en 1656.

101. L'Hiver. Le premier plan présente dans le milieu un canal glacé, couvert d'une infinité de patineurs ; et sur la gauche une tente, sous laquelle on voit une famille de paysans à table.

102. Une Vue du Rhin : les bords sont ornés de villages, châteaux et maisons de plaisance : le fond offre de hautes montagnes, et sur le devant on remarque deux enfans tenant un nid d'oiseaux.

Ces deux Tableaux, peints sur cuivre, viennent de Turin.

HÉEM (Jean David de), né à *Utrecht* en 1600, *mort à Anvers en* 1674.

103. Une Grotte dans laquelle on voit des fruits, des fleurs, des plantes et des insectes : au centre on distingue une grenade ouverte, un citron et une pêche à demi-rongée.

Ce Tableau sur toile, vient de Turin.

HELST (Bartholomé Van der), *né à Haarlem en 1613, mort à Amsterdam.*

104. Un Portrait d'homme. Il est vêtu de noir avec une collerette blanche, et tient son chapeau à la main.

Ce Tableau sur toile, est tiré du Palais Pitti à Florence.

HOLBÉEN (Hans ou Jean), *né à Bâle en 1498, mort à Londres en 1554.*

105. Didier Erasme, célèbre écrivain, né à Roterdam en 1467, mort à Bâle en 1536.

Derrière ce Portrait, qui vient de Turin, on lit ce distique :

Hic jacet Erasmus qui quondam pravus erat mus
Rodere qui solitus, roditur à vermibus.

106. Un Portrait d'homme : il a une robe noire fourrée, une toque de même couleur sur la tête, et un papier à la main ; au haut du Tableau on lit : *A° 1542 ætatis suæ 49.*

107. Un Portrait de femme : elle porte une

guimpe blanche sur la tête, une mante noire et un chapelet à la main ; au haut on lit : *A°. DNI. 1542 œtatis suœ* 54.

Les deux Portraits qui précèdent sont tirés de la Galerie de Turin, où jusqu'à présent ils ont passé pour être ceux de *Luther* et de *sa femme*. Cependant la plus légère attention suffisait pour détruire cette fausse tradition, les dates inscrites sur ces portraits ne s'accordant nullement avec l'âge de ces deux personnages ; car en 1542, date de ces portraits, *Luther*, né en 1483, se trouvait avoir 59 ans et non pas 49, et *Catherine de Bore*, *sa femme*, n'en avait que 42, au lieu de 54 ; d'ailleurs, étant morte à l'âge de 53 ans, elle n'a pu être peinte à 54.

G. HOREMANS.

108. Le Marché au poisson : sur le dedevant on voit un homme poussant une petite charette ; le fond présente l'entrée et les dehors d'une ville de Hollande.

Ce Tableau sur toile, vient de Turin.

MIERIS le père (François Van), *né à Delft en 1635, mort à Leyden en 1681.*

109. Un Portrait d'homme à mi-corps, coiffé d'une toque de velours violet.

110. Une Femme tenant un enfant au maillot, que baise son jeune frère.

111. Le Portrait à mi-corps d'un jeune homme appuyé sur une balustrade.

    Ces trois Tableaux, peints sur bois, viennent de Turin.

_____

MIGNON (Abraham), *né à Francfort en 1640, mort en 1679.*

112. Un Vase orné de bas-reliefs et rempli de roses, pivoines, tulipes et autres fleurs ; en bas à droite on voit sur l'appui deux épis de blé de Turquie.

113. Un melon, des pêches, des raisins et autres fruits, avec un nid d'oiseaux sur une branche de cerisier.

    Ces deux Tableaux, peints sur toile, sont tirés de la Galerie de Turin.

114. Un Vase de roses, tulipes, pavots, chevrefeuille et autres fleurs ; en bas sur la droite, on remarque deux épis de blé.

    Ce Tableau sur toile, vient du Cabinet de la Haye.

MYTENS (Daniel), *né à la Haye en 1636, mort en 1688.*

115. Charles I.er , Roi d'Angleterre, décapité à Londres le 9 Février 1640,
dans sa 49.e année : il est ici représenté à l'âge de 27 ans, debout,
appuyé sur sa canne, et l'épée au
côté ; l'architecture qui sert de fond,
a été peinte par *Henry van Stein-
vvick le fils.*

Ce Portrait, peint sur toile, est tiré de la
Galerie de Turin : il a été exécuté en 1627,
ainsi que le témoigne l'inscription suivante qu'on
lit sur un piédestal.

*Carolus D. G. Magnæ Britanniæ, Franciæ
et Hiberniæ Rex, fidei defensor, ætatis suæ 27
anno 1627.*

POTTER (Paul) *né à Enkuissen,
en 1625, mort à Amsterdam en
1654.*

116. Une Prairie, sur le devant de laquelle
on voit à droite trois vaches au pied
d'un chêne, et à gauche un bœuf ta-
cheté de noir et de blanc.

Ce Tableau, peint sur bois, vient de Turin.

REMBRANDT VAN RYN (Paul)
né près de Leyden en 1606, mort à Amsterdam en 1674.

117. Un Portrait d'homme ; il est assis, les mains croisées, près d'une table sur laquelle est un livre, et paraît méditer sur l'objet de sa lecture.

> Ce Tableau sur toile est tiré de la collection du Palais Pitti à Florence.

118. Une Tête de vieillard ; il a une grande barbe, une toque noire sur la tête, et les mains appuyées sur un bâton.

> Ce Tableau qui vient de Turin, paraît être de l'école de Rembrandt.

RUBENS (Pierre Paul), *né à Cologne en 1577, mort à Anvers en 1640.*

119. *Grotius, Juste Lipse, Rubens et son frère.* Rubens a voulu réunir ici dans un même cadre ses traits et ceux de ses amis les plus chers et les plus illustres. Le premier qui s'offre à la droite du spectateur, est *Grotius*, l'ami de Barneveldt, le généreux défenseur de la liberté de son pays, l'un

des plus grands hommes de son tems,
soit par les qualités de son cœur, soit
par son érudition profonde. A ses
côtés siége *Juste Lipse*, savant pro-
fesseur de Belles-Lettres en l'Uni-
versité de Louvain, célèbre par ses
écrits sur la Jurisprudence, la Poli-
tique et la Morale : le buste de Sénèque placé derrière lui, sert à carac-
tériser les écrits qu'il a composés sur
la doctrine des Stoïciens que Sénèque
professait ; les tulipes qui l'accom-
pagnent marquent son goût pour la
culture (alors nouvelle) de ces fleurs,
et le chien qui caresse *Grotius*, indique son amour pour ces animaux,
et que la scène se passe dans son
cabinet. A la droite de *Juste Lipse*,
est assis *Philippe Rubens*, frère du
Peintre, Homme-de-Lettres et Secrétaire de la ville d'Anvers, mort en
1611, âgé de 34 ans. Enfin, à gauche
et debout derrière ces personnages,
on voit *Pierre Paul Rubens*, le
Peintre célèbre au pinceau duquel
on doit ces admirables portraits et
tant d'autres chefs-d'œuvres !

Ce Tableau peint sur bois est tiré de la collection du palais Pitti à Florence, où il était connu

sous le nom des *Quatre Philosophes*, dénomination que nous n'avons pas cru devoir conserver, parce qu'elle ne conviendrait tout au plus qu'à deux des personnages représentés. Ce Tableau se trouve gravé dans la *Galerie de Florence*, publiée par Lacombe.

120. La Vue de Malines. Les dehors de cette ville n'offrant qu'un pays plat et presque sans mouvement, l'Artiste a su y en introduire par des accidens de lumière ménagés avec art et d'un effet piquant, et par nombre de figures de paysans et paysannes occupés de la récolte des foins.

121. La Vue de Cadix et de ses environs, ornés de Maisons de plaisance, Jardins, Montagnes et chutes d'eau. Frappé de la grandeur du site, le Peintre l'a cru propre à recevoir un sujet historique : il a placé sur le premier plan la princesse *Nausicaa*, fille d'Alcinoüs, accueillant avec bonté *Ulysse*, qu'un naufrage avait jeté sur la côte ; et dans les airs Minerve demandant à Jupiter qu'il fasse cesser la tempête.

Ces deux beaux Paysages, peints sur bois, viennent de la collection du palais Pitti à Florence.

122. La Sainte Famille. La Vierge, Ste. Anne et S. Joseph regardent avec complaisance l'Enfant Jésus qui, couché dans son berceau, caresse affectueusement le petit S. Jean.

Ce Tableau, peint sur bois, est tiré du Palais Pitti à Florence.

SCHALKEN (Godefroi), *né à Dort en 1643, mort à la Haye en 1706.*

123. Un Peintre assis à son chevalet ; peut-être est-ce le portrait de Schalken lui-même.

Ce Tableau, peint sur bois, vient de Turin.

TENIERS le père (David), *né à Anvers en 1582, mort dans la même ville en 1649.*

124. Un Paysage orné d'arbres et de rochers ; sur le devant, à droite on voit une femme avec un chien et deux paysans qui conversent.

Ce Tableau sur toile, vient de Rome.

TENIERS le fils (David), *né à Anvers en 1610, mort à Bruxelles en 1694.*

125. L'intérieur d'un Estaminet ; sur le

D

devant, à gauche on voit cinq paysans autour d'une table, dont deux
jouent aux cartes, et plus loin le
garçon qui marque les parties avec
de la craie sur un poteau.

Ce Tableau, peint sur bois, vient de Turin.

VIRULY (Willem, ou Guillaume).

126. Un Paysage, site d'Italie; sur la droite
est une chaumière, et au centre un
groupe de grands arbres au pied desquels on voit un chasseur assis, et
plusieurs chiens de chasse : cette
figure, qui semble être un portrait,
est attribuée à *Mieris*.

Ce Tableau sur toile, vient de Rome. Le
Musée national ne possédait aucun ouvrage de
ce Maître.

WERFF (Adrien Van der), *né à Kralinguer-Ambach, près Roterdam, en 1659, mort dans la même ville en 1722.*

127. La Mort d'Abel, ou le premier meurtre.

128. Paris et Œnoné.

Ces deux Tableaux, peints sur bois, sont tirés
de la Galerie de Turin; le premier est célebre
par l'estampe qu'en a gravé Parporati.

WITEL (Gaspard Van), *dit* Gasparo Degli Occhiali, *né à Utrecht en 1647, mort à Rome en 1736.*

129. Vue de l'intérieur de la Darse de Naples ; à gauche on aperçoit le palais du Roi, au centre, sur la montagne, le château de *Capo di Monte*, et à droite sur le devant, le château de l'Œuf.

Ce Tableau sur toile, vient de Turin.

WOUVERMANS (Philippe), *né à Haarlem en 1620, mort dans la même ville en 1668.*

130. Un Choc de cavaliers et de cuirassiers.

131. L'Attaque d'un pont par un parti de cavalerie.

Ces deux Tableaux sont tirés de la Galerie de Turin.

132. Une Bacchanale.

Ce Tableau sur toile paraît de l'École de Van Dyck : il vient de Turin.

ECOLE ALLEMANDE.

133. **La Vierge, la Madeleine et Sainte Catherine.** Assise dans un paysage, la Vierge tient l'Enfant Jésus auquel une Sainte à genoux présente la palme de son martyre; sur le devant on voit à gauche Ste. Catherine, et à droite la Madeleine.

Ce Tableau sur bois, vient de Milan; il est attribué à Lucas de Leyden, mais il tient plutôt de la manière d'*Albert Durer*.

134. **L'Annonciation.** Agenouillée devant son prie-Dieu et un livre en main, la Vierge reçoit avec humilité la salutation angélique.

Ce Tableau sur bois, est tiré de la Galerie de Turin.

135. **Des fruits, des légumes et des instrumens de musique** sur une table recouverte d'un tapis; au pied de cette table est une aiguière avec son plateau d'argent, orné de bas-reliefs.

Ce petit Tableau, peint sur cuivre, vient de Turin; il porte la date de 1579, et un nom difficile à déchiffrer.

ECOLE FRANÇAISE.

POUSSIN (Nicolas Poussin, dit le), *né à Andely en 1594, mort à Rome en 1665.*

136. Sainte Marguerite : prête à être la proie du dragon, qui, la gueule béante, s'apprête à la dévorer, la Sainte implore le ciel, et deux Anges lui apportent la couronne et la palme du martyre.

 Ce Tableau, peint sur toile, est tiré de la Galerie de Turin.

COURTOIS (Jacques) dit le Bourguignon, *né à S.-Hyppolite, près Besançon, en 1621, mort à Rome en 1676.*

137. Une Bataille entre les Turcs et les Polonais.

 Ce Tableau, peint sur toile, vient de Turin.

TABLES ET *TABLEAUX de la Manufacture de Florence, exécutés en Pierres précieuses.*

138. Une grande Table de jaspe vert foncé,

sur laquelle sont posées des jattes, urnes, tasses, théières, et autres vases de porcelaine du Japon, entre-mêlés de plantes et de fleurs.

139. Deux Tables de jaspe vert clair (sous le même Numéro) sur lesquelles sont figurées des tasses, coupes, lacry-matoires, et autres vases étrusques de formes et de couleurs variées, avec un bouquet de fleurs au mi-lieu.

140. Deux Vues, sous le même Numéro, de l'intérieur du port de Livourne, en Toscane, ornées de barques, vaisseaux et figures.

141. Vue du Temple du Panthéon à Rome, avec son portique bâti par Agrippa; au centre de la place est la fontaine surmontée d'un obélisque antique de granit, élevé par ordre de Clé-ment XI.

142. Vue du Tombeau de Cécilia Metella, dit vulgairement *Capo di Beve*, situé à trois milles environ de Rome sur la voie Appienne.

LES ARTS LIBÉRAUX.

143. La *Peinture*, représentée par un Peintre

à son chevalet, peignant le portrait
d'une jeune dame.

144. La *Sculpture*, figurée par un Sculpteur
dans son atelier, occupé à terminer
une statue d'Apollon en marbre.

145. L'*Architecture*, par un Architecte faisant élever sur ses dessins la façade
d'un Palais.

146. La *Musique*, exprimée par des Vir-
tuoses exécutant un concert dans
un salon.

Les trois Tables ainsi que les huit Tableaux
qui viennent d'être décrits sous les Numéros 138,
etc., sont tirés de Florence, où ils ont été exécutés en pierres fines dans la manufacture de
Commesso, établie et entretenue par les Grands
Ducs de Toscane. Le nom de *Commesso* ou
Lavoro di pietre Commesse, que l'on donne en
Italie à cette sorte d'ouvrage, signifie *Ouvrage
en pierre de rapport*: c'est une espèce de marquet-
terie qui s'exécute en pierres dures et fines de
différentes couleurs, de la même manière à-peu-
près que l'ébénisterie s'exécute en bois durs et
de teintes variées.

Les couleurs qu'emploie cette espèce de Peinture, sont les pierres précieuses de toutes sortes,
telles que le lapis lazzuli pour le *bleu*; le rouge
antique, le corail, la cornaline, le grenat et le
rubis pour le *rouge*; la calcédoine et les perles
pour le *blanc*; le vert antique, le serpentin et
l'émeraude pour le *vert*; le jaune antique et la
topaze pour le *jaune*; l'améthyste pour le *violet*;
enfin l'agathe, le jaspe, la sardoine et les beaux
cailloux dont la Toscane, la Sicile et l'Égypte
abondent, pour les *demi-teintes*, etc. etc.

On débite ces pierres en tranches, on les découpe suivant les contours du dessin à exécuter, on les incruste dans un fond de marbre précieux, et l'on polit ensuite le tout ensemble ; c'est ainsi que profitant des teintes et des accidens que présentent ces riches matériaux, l'Art, aidé d'une extrême patience, parvient à rendre tous les objets de la nature avec ses productions les plus rares, les plus précieuses et les plus indomptables.

Ce genre d'industrie est ancien à Florence ; dès le regne de François de Médicis vers l'an 1575, il y étoit déjà établi, et depuis cette époque il s'y est maintenu avec succès ; en sorte que si Rome moderne a la gloire d'avoir conservé et amélioré *la mosaïque d'émaux artificiels*, Florence doit avoir celle d'avoir toujours cultivé la *mosaïque en pierres fines*, et de l'avoir beaucoup perfectionnée dans ces derniers tems, ainsi que l'on peut s'en convaincre en comparant les morceaux que nous décrivons avec une Table anciennement exécutée dans cette même manufacture, laquelle se voit à l'entrée de la grande Galerie du Musée.

147. Une Table en Mosaïque ; au centre est un médaillon ovale dans lequel on voit trois colombes becquetant des raisins et des épis dans une corbeille; les angles sont remplis par des rinceaux d'ornemens coloriés sur un fond violet foncé.

Cette Table, qui vient de Turin, a été exécutée en mosaïque par *P. Pellicia*, ainsi que le témoigne l'inscription suivante qu'on y lit:

P. PELLICIA F.

www.ingramcontent.com/pod-product-compliance
Lightning Source LLC
Chambersburg PA
CBHW071418220526
45469CB00004B/1331